Coleção Dramaturgia

AUTORES
INTERNACIONAIS

Biblioteca teatral

Copyright © Sébastien Lapaque
Copyright da edição brasileira © 2018 É Realizações
Título original: *Ce Paradis de Tristesse*

Editor
Edson Manoel de Oliveira Filho

Produção editorial e projeto gráfico
É Realizações Editora

Preparação de texto
Nina Schipper

Revisão
Mariana Cardoso

Diagramação e capa
Nine Design Gráfico | Mauricio Nisi Gonçalves

Reservados todos os direitos desta obra. Proibida toda e qualquer reprodução desta edição por qualquer meio ou forma, seja ela eletrônica ou mecânica, fotocópia, gravação ou qualquer outro meio de reprodução, sem permissão expressa do editor.

CIP-Brasil. Catalogação-na-Fonte
Sindicato Nacional dos Editores de Livros, RJ

L314e

Lapaque, Sebastién, 1971-
    Esse paraíso da tristeza : Stefan Zweig e Georges Bernanos Brasil, 1942 / Sebastién Lapaque ; tradução Roberto Mallet. - 1. ed. - São Paulo : É Realizações, 2018.
    64 p. ; 21 cm. (Dramaturgia autores internacionais)

Tradução de: Ce paradis de tristesse
ISBN 978-85-8033-338-1

1. Zweig, Stefan, 1881-1942. 2. Brasil, Georges Bernanos,1888-1948. 3. Teatro alemão - História e crítica. I. Mallet, Roberto. II. Título. III. Série.

18-49904   CDD: 832.09
                     CDU: 82-2(430)

Leandra Felix da Cruz - Bibliotecária - CRB-7/6135
17/05/2018 21/05/2018

É Realizações Editora, Livraria e Distribuidora Ltda.
Rua França Pinto, 498 · São Paulo SP · 04016-002
Caixa Postal: 45321 · 04010-970 · Telefax: (5511) 5572 5363
atendimento@erealizacoes.com.br · www.erealizacoes.com.br

Este livro foi impresso pela Paym Gráfica e Editora em outubro de 2018. Os tipos usados são da família Sabon LT Std e Helvetica Neue. O papel do miolo é offset 120 g, e o da capa, cartão Ningbo C2 250 g.

Sébastien Lapaque

esse paraíso da tristeza

Stefan Zweig e
Georges Bernanos
Brasil, 1942

Tradução de Roberto Mallet

Para Myriam Anderson.

Fomos criados para viver no Paraíso,
o Paraíso foi feito para nos servir.

Nossa destinação foi transtornada;
mas não consta que a do paraíso também o tenha sido.

Franz Kafka, *Diários*, janeiro de 1918

STEFAN ZWEIG

GEORGES BERNANOS

AS PERSONAGENS

Final de janeiro ou início de fevereiro de 1942. Uma tarde quente de verão austral em Barbacena, Brasil, na grande sala de jantar da fazenda Cruz das Almas. Cadeiras em torno de uma longa mesa; duas filas de seis cadeiras e uma décima terceira, no fundo, à esquerda. À direita, uma janela deixa entrar uma luz dourada. Um buquê de flores tropicais num canto, sob uma estátua de Nossa Senhora de Lourdes. Um pouco antes do final do diálogo, a noite cairá subitamente. Em cima de uma pequena biblioteca, sob um retrato do general de Gaulle, um rádio toca "Aquarela do Brasil", de Ary Barroso. Surge Georges Bernanos, apoiado em duas bengalas, caminhando com dificuldade até o rádio. Desliga-o. Caminha até o final da sala e volta-se. Stefan Zweig entra.

GEORGES BERNANOS: (*Continuando uma conversa já iniciada.*) Ouve-se essa música o dia inteiro, nas ruas, nos cafés... Quando cheguei ao Brasil, em agosto de 1938, gostava muito dela. Como essas melodias que os pássaros cantam nas árvores. Minha alegria durou pouco. Mal encontrei um pouco de paz aqui, e os acordos de Munique me fizeram compreender que as democracias só responderiam ao realismo das ditaduras com um oportunismo hipócrita. Hoje, essas melodias açucaradas são incapazes de expulsar minha tristeza. Tem dias em que elas chegam a me causar certo horror. Mas está chegando o carnaval. E dificilmente podemos recusar ao povo brasileiro o direito que tem à sua alegria infantil.

STEFAN ZWEIG: (*Baixinho.*) Uma alegria infantil, você tem razão.

BERNANOS: Esse povo não gosta nem um pouco da guerra.

ZWEIG: É verdade. As pessoas aqui são tão pacíficas, seus costumes são tão doces. Mas pouco importa isso. Não ouço mais nem a música, nem a alegria, nem nada. Há muitos meses que não ouço mais nada. Mesmo as músicas que tanto amei antigamente morreram em mim. Desapareceram definitivamente, com tudo o mais.

BERNANOS: (*Paternal.*) Não diga definitivamente.

ZWEIG: (*Solene.*) Definitivamente, eu juro.

BERNANOS: Mesmo a música de Beethoven?

ZWEIG: Em algumas noites, eu a encontro nos sonhos.

BERNANOS: Vai ouvi-la aqui, em Barbacena. Temos na cidade uma encantadora orquestrinha que todos os domingos à tarde ocupa o coreto para interpretar músicas europeias. Não vamos conseguir que os nossos amigos toquem uma sinfonia, mas pedirei que interpretem para você uma sonata de sua preferência. E músicas de Schubert, Brahms e Mahler. Deixaremos as valsas de Strauss para mais tarde. Vamos dançá-las no dia da vitória.

ZWEIG: (*Para si mesmo.*) "*Wer spricht von Siegen? Überstehen ist alles*".

BERNANOS: (*Surpreso.*) O que está dizendo?

ZWEIG: Perdão. São versos de Rilke. "Quem falou em vencer? O essencial é sobreviver". Tenho lembrado deles por toda a minha vida. Mas atualmente eles iluminam meu destino de uma nova maneira.

BERNANOS: Mas precisamos vencer. Sou eu, Georges Bernanos, um católico errante, banido da Europa pela mentira, que encontrei asilo no Brasil às vésperas do ignóbil setembro de Munique, no momento em que os ingleses e os franceses se felicitavam por ter se entendido com Hitler, que tenho a grande honra de dizê-lo aqui, nesta casa de Cruz das Almas, para Stefan Zweig, um judeu austríaco que também foi forçado a atravessar o Atlântico: Precisamos vencer. Sabe disso tanto quanto eu. Hitler não é um homem com quem se possa fazer uma aliança. A reorganização da Europa segundo o espírito do nazismo não deixará ileso nada daquilo que amamos.

ZWEIG: Você acredita?

BERNANOS: No quê?

ZWEIG: Na vitória?

BERNANOS: Eu não acredito. (*Muito sério.*) Tenho certeza dela desde o primeiro dia.

ZWEIG: Você tem certeza.

BERNANOS: Tenho. Ou, melhor dizendo, tive certeza da derrota totalitária ao saber que Pétain e o bando de fracassados que o rodeavam tinham certeza da vitória totalitária.

ZWEIG: (*Tristemente.*) Pétain.

BERNANOS: Esse velho traidor.

ZWEIG: (*Senta-se na cadeira que está à cabeceira da mesa. No canto oposto da sala, Georges Bernanos permanece em pé, as duas mãos apoiadas nas bengalas, as costas contra a parede.*) Eu o invejo, meu caro senhor.

BERNANOS: Ah, não me inveje. Estou tão feliz em recebê-lo aqui em casa. Quantos quilômetros nos separam um do outro?

ZWEIG: Cerca de 150 quilômetros, foi o que me disseram quando cheguei em Barbacena. É pouco na escala da Europa. E na do Brasil é quase nada.

BERNANOS: Da próxima vez, eu é que vou visitá-lo em Petrópolis. Gosto muito daquela cidade. E não somente pela recordação dos imperadores do Brasil que ela conserva com tanto carinho. Estive lá várias vezes. Imagino que a paisagem lembre-lhe as pastagens alpinas da Áustria. Lá, ficamos como que fora dos tempos. Mas estou hoje muito feliz em vê-lo aqui. Há tempo que os nossos amigos Hubert Studenic e Afonso Arinos de Melo Franco prometeram promover este encontro.

ZWEIG: (*Hesitante.*) Hubert Studenic, você fala. (*Sonhador.*) Hubert Studenic... Que desgraça viver assim na dissimulação. Eu o conheci em Berlim, nos anos 1920. Vivia livremente, apesar das ideias que já lhe tinham criado vários inimigos durante o Império. Social-democrata e pacifista, era uma figura brilhante do mundo político, financista e intelectual da República de Weimar. Seu verdadeiro nome é Hugo Simon. Morava então no bairro de Zehlendorf, com sua mulher Gertrude. É impossível evocar essa época sem me emocionar.

BERNANOS: Evoque-a para mim, por favor.

ZWEIG: O salão de Hugo e Gertrude Simon era um dos mais brilhantes da capital. Em 1919, Hugo Simon tinha sido, por pouco tempo, ministro da Economia no *Rat der Volksbeauftragten*, criado em Berlim depois da queda do Império... Como se diz isso em português? Conselho de comissários do povo.

BERNANOS: (*Interrompendo-o.*) Obrigado por traduzir. Conheço pouco o alemão, embora exista nessa estante à sua esquerda um livreto escrito em sua língua, que neste momento estou sofrendo para decifrar. Falarei dele daqui a pouco. Mas estou me vangloriando, pois tenho também uma edição francesa dele.

ZWEIG: (*Espantado com a modéstia da biblioteca.*) Todos os seus livros estão aqui?

BERNANOS: Todos! Cruzei o Atlântico com uma mala de livros, mas eles já estão espalhados por todo o Brasil! Antes de me fixar aqui em Barbacena, nestes altos planaltos de Minas Gerais, cuja sóbria beleza convém tão bem aos meus estados de alma, minha mulher, meus filhos e eu passeamos um pouco... (*Ri.*) Moramos em Itaipava, em Juiz de Fora, em Vassouras e em Pirapora. Em cada lugar, deixei um pouco da minha alma e alguns dos meus livros. Em Vassouras, lembro que deixamos vários dentro da banheira! (*Ri.*)

ZWEIG: Feliz de você, que pode rir dessas aventuras. O fato de não ter os *Ensaios* de Montaigne à mão me atormentou e me fez mergulhar numa inquietude que você não pode imaginar. Felizmente pude contar com Afonso Arinos de Melo Franco, que me emprestou os três volumes da edição francesa. Precisaria muito mais do que isso, infelizmente, para me livrar da angústia.

BERNANOS: Ah! Não pensa que sou menos atormentado pela angústia do que você. Mas é verdade que dou risada quando penso que os novos moradores de nossa casa em Vassouras devem ter achado que os membros da tribo Bernanos nunca tomavam banho. Pouco importa. Não lamento ter deixado esses livros pelo caminho. Para que sobrecarregar minha bagagem? Não sou nem livreiro, nem bibliotecário. Não tenho nem mesmo a ridícula pretensão de dizer que sou um escritor, e, menos ainda, um homem de letras, como todos esses minúsculos tartufos que povoam as Academias, aqui, no Brasil, como por toda a Europa... Sou um pobre homem que não se envergonha nem de sofrer, nem de esperar a vitória do seu país e a derrota do Moloch totalitário... Não pense que minhas pretensões são exageradas. Minha única ambição é estar a serviço da honra francesa. Esforço-me para que sua voz seja ouvida no meio do concerto dessas abomináveis propagandas. Além do mais... (*Lentamente, maroto.*) ... esses livros não foram perdidos. Às vezes penso que eles talvez inspirem o amor pela língua francesa em um jovem rapaz ou numa jovem moça que por acaso os encontre – ou quem sabe em um jovem brasileiro que ainda não nasceu e que os descobrirá muito tempo depois da minha morte, quando meus livros e eu tivermos sido esquecidos, quando meu nome já estiver apagado na lápide? Que os seus possam também inspirar o amor pela língua alemã.

ZWEIG: (*Com um sorriso forçado.*) Admiro seu desprendimento. Houve momentos em minha existência em que me senti capaz disso. Em 1934, especialmente, quando deixei definitivamente a Áustria para morar na Inglaterra. Disse para mim mesmo que tudo seria muito mais simples se eu conseguisse esquecer minha casa, meus livros, meu renome...

BERNANOS: 1934! Teria sido tão fácil naquele momento destruir o fascismo, com sanções diplomáticas. Não estaríamos agora nos perguntando ansiosamente que coalizão vai conseguir afinal destruir o *monstro* nazista. Deveríamos escrever um documento pedindo a esses senhores que governam os Estados Unidos da América que tenham a bondade de fornecer os meios para salvar a liberdade do mundo?

ZWEIG: Não sei. No ponto em que estou, não sou nem mesmo capaz de pensar na liberdade do mundo. Salvar minha liberdade interior me bastaria. Estou sobrecarregado de preocupações materiais, não consigo nem me libertar das contingências. Como é possível que existam, espalhados por toda a Terra, homens que tenham decretado minha morte? O medo em que vivo desde 1939 estancou em mim qualquer impulso para o espiritual. Você não pode imaginar a insegurança em que vivo.

BERNANOS: Não tenha tanta certeza. E sobretudo não pense que a vida me parece uma agradável comédia. Se eu rio, é para não pecar contra a esperança. Mas tenho alguma ideia do que é realmente o domínio do mal. Publiquei seis romances para que meus leitores o sentissem.

ZWEIG: Perdoe-me, então; é que sucumbi nas trevas. Vivo na incerteza do quarto em que vou dormir à noite, do desjejum de amanhã. Toda manhã, quando acordo, penso que a polícia pode me prender e me entregar à Gestapo. A ideologia nazista já chegou aqui.

BERNANOS: Falaram-me de um chefe da polícia política de nome alemão, um sujeito particularmente pressuroso, desprovido de qualquer espécie de consciência.

ZWEIG: (*Aparentando saber de quem se trata.*) Não falemos nele, por favor.

BERNANOS: (*Insistindo.*) Não seria um certo Müller?

ZWEIG: Não falemos nele, repito.

BERNANOS: Filinto Müller?

ZWEIG: Não sei.

BERNANOS: Parece que ele entregou prisioneiros políticos aos nazistas.

ZWEIG: Não quero pensar nele. É uma desgraça saber que as ideologias europeias fincaram raízes aqui. Há mais demônios do que imagina, nos porões do anticapitalismo. O Brasil doce, cordial e paternalista que conheci em 1936 transformou-se. Tornou-se autoritário.

BERNANOS: Acha?

ZWEIG: Infelizmente! O que me pareceu tão dócil nos costumes dos brasileiros endureceu-se. Já não encontro a harmonia magnífica entre negros, brancos e índios que me maravilharam tanto na minha primeira viagem, essa coexistência pacífica entre judeus e cristãos. A ditadura, sutilmente dissimulada no princípio, foi agora plenamente assumida. Não fugi do Terceiro Reich de Hitler para viver em uma espécie de apêndice da Itália de Mussolini.

BERNANOS: Mas temos amigos no Brasil! E quando digo nós, penso em todos os homens livres dispersos pela superfície do globo com suas bagagens mínimas, judeus fugitivos e católicos errantes, todos fiadores da Aliança. Pense na acolhida que teve há pouco na Prefeitura de Barbacena. Esperava por ela?

ZWEIG: Não.

BERNANOS: Então! Você viu muitos amigos da liberdade! Temos de contar com esses homens e com essas mulheres tanto quanto eles contam conosco.

ZWEIG: Se eu conseguisse! Mas tudo me oprime. Inquieto-me pela minha subsistência. Como se os nazistas tivessem planejado que eu sofresse a maldição do dinheiro até aqui, no Brasil, depois de ter fugido da Áustria e da Inglaterra. Forjaram para si mesmos uma concepção dos judeus e querem que correspondamos a ela. Não consigo me consolar de não ter uma boa biblioteca à minha disposição, e nem mesmo um arquivo. Até recebo livros, mas quase todos em português.

BERNANOS: E gosta da língua portuguesa?

ZWEIG: Ele ama a língua portuguesa, mas ele a conhece muito mal e muito pouco... Ele consegue lê-la, mas não escrevê-la. Do jeito que é falada aqui no Brasil, ela tem maravilhosos encantos, um calor comunicativo e uma humanidade comovente. Que terrível contraste com o que sinto no fundo de mim mesmo.

BERNANOS: Só deveríamos pensar no mundo em português, ser suficientemente inocentes para esperar a ressurreição em sua cariciosa simplicidade.

ZWEIG: (*Fazendo uma careta.*) Não tenho essa capacidade.

BERNANOS: Eu também não sou muito dotado dela.

ZWEIG: Mas você tem a fé.

BERNANOS: *Uma gota de esperança num oceano de dúvida*,[1] como eu disse outro dia a um amigo que me achava muito confiante. *Uma gota de esperança...*

ZWEIG: Uma gota de esperança num oceano de dúvida?

BERNANOS: Isso mesmo.

ZWEIG: Eu tinha de achar tempo para aprender essa língua. Ouço-a com alegria, leio como posso os livros que me enviam e mesmo o jornal. Mas fico desesperado com a ideia de que nunca conseguirei escrever em português. Em alemão, eu não teria nem editor, nem leitores. As bibliotecas do meu país natal foram queimadas, as livrarias foram saqueadas. Mas farei sessenta anos em novembro, é muito tarde para recomeçar tudo.

BERNANOS: Tenho quase a sua idade, e também não vou estudar de novo o português e o alemão, mais o latim e o grego. E por que não o chinês, pois talvez sejamos obrigados a fugir para mais longe ainda amanhã...

ZWEIG: (*Surpreso.*) O chinês. (*Um tempo e, depois, baixo.*) Eu não fugiria mais.

BERNANOS: (*Falsamente alegre.*) Mas claro. E fugiremos juntos!

(*Uma pausa.*)

---

[1] Em português, no original. Na fala seguinte, S.Z. repete-a traduzida em francês. (N. T.)

ZWEIG: (*Esforçando-se também para sorrir.*) Talvez eu devesse fazer como você. Escrever nos jornais brasileiros. Mas o que poderia contar? Dediquei-me às artes desde a adolescência, publiquei artigos em jornais no passado. Mas só sei falar de teatro, de música e de literatura. E não posso fazê-lo numa língua que não é a minha.

BERNANOS: Escreva em alemão, depois se traduz.

ZWEIG: Não tenho tantos amigos como você, no Brasil. E minha língua natal provoca desconfiança. E eis que sou judeu para uns e alemão para os outros.

BERNANOS: Um dos erros da minha juventude foi achar que essa asneira era inofensiva.

(*Stefan Zweig sorri levemente, feliz por ter ouvido essa última frase. Pausa. Ele se levanta, recoloca a cadeira junto à mesa, põe firmemente as duas mãos sobre o espaldar e diz para Georges Bernanos, olhando fixamente.*)

ZWEIG: E você, meu caro, como faz para ser bem-aceito?

BERNANOS: Bem-aceito? Pode ter certeza de que também tenho meu lote de inimigos. Uma grande parte do clero brasileiro é formada por padres portugueses, espanhóis e italianos. Ou seja, por fascistas! O fato de eu ter escrito *Os Grandes Cemitérios sob a Lua* e dito o que pensava da sinistra cruzada franquista não me predispõe à sua amizade. O bispo de Mariana, que reina em Barbacena, detesta-me. E não lhe digo nada de Sua Eminência Sereníssima, o cardeal arcebispo do Rio.

ZWEIG: Como faz, então?

BERNANOS: Como você, meu caro Stefan Zweig. Vivo na amizade dos homens e mulheres cuja consciência não foi corrompida. Geralmente, gente do povo. Eles tiveram a sorte de permanecer simples como crianças. Há pouco, quando subia ao topo da minha pequena Colina da Cruz das Almas, você viu Sebastião, meu capataz. Em contato com ele, aprendi mais sobre o Brasil do que aprenderia com todas as pessoas mundanas que vivem do louvor oficial no Rio de Janeiro! Mas longe de mim a ideia de que não tenho amigos no Rio...

ZWEIG: (*Docemente.*) Pude encontrar alguns deles.

BERNANOS: Temos muitos em comum. É até de espantar, pensando bem.

ZWEIG: Pensei nisso quando o trem me trazia até aqui. Temos em comum o fato de nos interessarmos pela porção infeliz da humanidade. Nos seus romances, apresenta-nos meninas pobres e sacerdotes perseguidos pelo diabo. Nos meus prefácios, artigos e conferências consagrados a Kleist, Hölderlin, Nietzsche, Verlaine, Mahler e ao meu infeliz amigo Joseph Roth, evoquei a vida e o destino de pessoas que lutavam com um demônio interior.

BERNANOS: (*Comovido.*) Sem dúvida havia entre nós uma espécie de acordo misterioso que ignorávamos antes de nos encontrar. Nossos amigos brasileiros permitiram que o descobríssemos. Devo confessar que achava que era um literato.

ZWEIG: E eu, de minha parte, temia-o por causa da sua má reputação.

BERNANOS: Minha péssima reputação! Alguns, por aqui, quiseram ver em mim uma espécie de Léon Bloy, um mendigo ingrato injuriando os homens sem discernimento. Um jornal brasileiro apresentou-me outro dia como "um terrível panfletário católico e defensor feroz da fé cristã [...]".[2] Eu, um terrível panfletário católico e um defensor feroz da fé? Tive a impressão de que estavam falando de um cônego barrigudo da igreja Saint-Sulpice que teria escrito contra os bolchevistas infiéis umas brochuras vendidas na saída da capela da Medalha Milagrosa.

ZWEIG: (*Retomando o que dizia, quase sorrindo.*) No Rio, ninguém falou de você ou de um cônego gordo. Mas encontrei alguns dos seus admiradores.

BERNANOS: Notei que há muitos poetas entre eles, e mesmo poetas muito bons. Não sei por que se ligaram a mim. Aqueles que não me tomam nem por Léon Bloy nem por Huysmans devem me confundir com Claudel-Turelure... Esse velho impostor! Em que pensa, a esta altura? Deve estar ocupado em fazer o cálculo exato da sua fortuna, acumulada com tanto zelo. Ou então deliberando em que momento deverá tecer um cântico ao general de Gaulle, depois de ter composto suas gloriosas palavras ao marechal... Ele não é seu amigo, espero?

ZWEIG: Há tempos, comprei dele um manuscrito.

---

[2] Em português, no original. (N. T.)

BERNANOS: (*Erguendo a mão.*) Deus o perdoe, então! Ele tem muitos adoradores e até imitadores por aqui. É tido como o grande poeta católico. É bem verdade que só escreveu versos ruins. (*Fecha os olhos.*)

"Il faut céder enfin! ô porte, il faut admettre
L'hôte; cœur frémissant, il faut subir le maître,
Quelqu'un qui soit en moi plus moi-même que moi".[3]

É um pouco escolar, mas é belo. Em dois séculos, haverá trechos da sua obra nas antologias de literatura católica. Mas nossa época não precisa de poetas apologistas, o que ela pede é alguém que não minta, alguém disposto a dizer a verdade, somente a verdade, e sobretudo a sofrer por ela. Veja o nosso caro Studenic, imagina um homem como ele perjurar uma única vez na vida?

ZWEIG: Onde é que ele encontra a força?

BERNANOS: De não mentir?

ZWEIG: Não. De continuar a viver.

BERNANOS: Basta-lhe sem dúvida saber que há na Europa uma horda bárbara que decretou sua morte e a de todos os seus. Precisaria mais?

ZWEIG: Conheci muito bem aquela força extraordinária.

BERNANOS: (*Curioso.*) Em Berlim?

---

[3] [É preciso ceder por fim! Oh, porta, é precido admitir / O hóspede; coração estremecido, é preciso aceitar o mestre, / Alguém que seja em mim mais eu do que eu mesmo]. (N. T.)

ZWEIG: Ele nunca lhe falou?

BERNANOS: Nosso amigo, como sabe, tem a elegância de jamais falar de si mesmo. Não é como nós, que não tememos o ridículo de contar as nossas desgraças.

ZWEIG: Vou lhe contar essas histórias daqui a pouco e reservo-as para os meus correspondentes. Mas não quero que meus livros fiquem muito pesados com elas. Gostaria que se lembrassem de mim como um homem que admirou loucamente alguns heróis da humanidade no tempo em que o heroísmo ainda era possível: Bach, Beethoven, Goethe, Balzac.

BERNANOS: É um erro não contar em seus livros como foi a opressão que sofreu e sua fuga de um país a outro enquanto o racismo hitleriano estendia seu império de desgraças sobre toda a Europa. As gerações futuras têm que saber disso. É nossa responsabilidade dizer-lhes que, ali mesmo onde vimos o perigo, encontramos também o que nos salva, como o disse belamente um dos seus poetas.

ZWEIG: (*Sorrindo debilmente.*) "Wo aber Gefahr ist, wächst. Das Rettende auch".

BERNANOS: (*Com muita gentileza.*) É o seu Hölderlin, não é?

ZWEIG: É.

BERNANOS: Como vê, sei um pouco de alemão! Li um pouco os seus românticos na minha juventude. Como imaginar que esses admiráveis poetas que vocês tanto apreciam não assumiriam como um dever dar o seu testemunho se tivessem sido confrontados como nós com uma escravização universal das consciências?

ZWEIG: Nunca achei que deveria dar o testemunho de uma experiência tão pessoal da desgraça. Não nasci para isso! Sempre detestei que se interessassem pela minha vida e, durante muito tempo, recusei-me a falar de mim na primeira pessoa. Em meus livros, o que fiz soar foi a voz da minha geração. Foi quando vi a história tornar-se um monstro devorando seus filhos que compreendi a necessidade de dizer "eu". Se soubesse quanto isso me repugna.

BERNANOS: (*Mais uma vez, paternal.*) A mim, isso não repugna, mas sofro por não mais escrever romances, nos quais eu podia desaparecer. Infelizmente, temos que dizer "eu". Quando nos propomos a dizer a verdade, temos que usar esse tom pessoal, sem toda a retórica que se aprende nas escolas e que os abomináveis jesuítas tentaram há tempos infundir no meu pobre cérebro. É inútil dizer-lhe que jamais o conseguiram... Sem dúvida não podemos contar com muitos leitores, mas ao menos estamos livres para escrever o que pensamos. Pois agora falamos somente para os amigos.

(*Pausa. Essa última frase parece ter perturbado Stefan Zweig. Ele baixa a cabeça, fecha novamente os olhos. Georges Bernanos inclina-se para observá-lo. Ouve-se, vinda de muito longe, uma marcha de carnaval, uma batucada com tambor, caixa, cuíca e agogô. Vendo que Stefan Zweig mantém a cabeça baixa, Georges Bernanos retoma a conversa.*)

BERNANOS: Continue com a história do nosso amigo Studenic. Falou há pouco do salão literário que ele tinha com sua esposa, em Berlim. Tudo isso é muito insólito para mim, que sempre frequentei artesãos, padeiros, ferreiros, chefes de estações ferroviárias, lavradores, guardas florestais...

ZWEIG: Está exagerando, meu caro.

BERNANOS: Perdoe-me por bancar o artista. Raramente faço isso.

ZWEIG: Também nisso o admiro. Seria incapaz de bancar o artista, como diz. O horror que sinto por nossa época me priva de tudo.

BERNANOS: Deixemos isso de lado. Fale-me do salão berlinense de Hubert Studenic.

ZWEIG: Era um refúgio de tolerância, de conversas delicadas e de pensamentos livres. O ideal de humanidade do século XVIII de vocês.

BERNANOS: (*Interrompendo seu interlocutor e fazendo um grande moinho com o braço, a bengala na mão.*) Bah! nosso século XVIII, como diz... Vê muito bem para onde nos levou. Das Luzes a Robespierre, de Robespierre a Bonaparte, de Bonaparte à chacina de Verdun e da chacina de Verdun a Hitler... Não quero nem imaginar para onde nos levará amanhã.

ZWEIG: (*Contrariado.*) Na casa de Hugo Simon jamais se falava de política. Na intimidade desse amante das artes, o assunto era quase sempre literatura, música e pintura. Ali encontrei Erich Maria Remarque, Walter Rathenau, Alfred Döblin, Karl Kautsky, os irmãos Thomas e Heinrich Mann... Judeus ou não, esses seres excepcionais formavam uma sociedade maravilhosa, que logo os nazistas destruiriam completamente. Walter Rathenau foi assassinado por nacionalistas fanáticos, Karl Kautsky está morto, os livros de Erich Maria Remarque foram queimados em praça pública em Berlim, com os meus, Heinrich e Thomas Mann encontraram asilo na Califórnia e, antes de deixar os Estados Unidos, soube que Alfred Döblin se converteu ao catolicismo. Jamais restauraremos a sociedade humanista, pacífica, cosmopolita e europeia que criamos em Berlim antes da guerra. Portanto, não me diga que Hitler não conseguiu o que queria.

BERNANOS: Não digo nada.

ZWEIG: Se Hitler vencer, será difícil acreditar que a vida vale a pena de ser vivida.

BERNANOS: Mas quem lhe disse que nossos filhos não reencontrarão amanhã o que perdemos hoje? Por um renascimento que seja também uma revolução do homem contra a ordem degradante da horda, estou mesmo disposto a esperar até depois de amanhã.

ZWEIG: (*Tristemente.*) Nossos filhos.

BERNANOS: Perdão, caro Stefan Zweig. Yves, o meu mais velho, assinou seu engajamento nas Forças Navais Francesas Livres em julho passado. Serve como aspirante no Oriente. Michel, o segundo, que você encontrou há pouco, foi julgado muito jovem para partir pelo Comitê França Livre do Rio, mas ele queima de impaciência para juntar-se a seu irmão... Não me impedirá de estar orgulhoso dos meus meninos. Mas não estou suficientemente intoxicado pela propaganda nazista para pensar apenas em uma descendência biológica, quando digo "nossos filhos". Outras gerações virão, depois da nossa. É por isso que quero falar principalmente aos que têm menos de vinte anos. Os velhos desgostam-me, o hábito de comprometer-se fez deles uns pobres impotentes complicados.

ZWEIG: (*Num sobressalto.*) Quanto a mim, criei o meu tempo. Mas quero acreditar com você que a atual juventude um dia criará o seu. Infelizmente ele não se parecerá com aquele que conheci, nem em Viena, em 1900, nem em Berlim, em 1920, nem com nenhum desses mundos que vi submergirem diante de mim, um por um.

(*Pausa.*)

ZWEIG: (*Os olhos fechados.*) Reencontrei Hugo Simon em Paris nos anos 1930. Morava em um palacete na Rua Grenelle. Foi ali que vi O *Grito*, um quadro de Edvard Munch que exprime perfeitamente a catástrofe do nosso século.

BERNANOS: (*Interrogador.*) O *Grito*?

ZWEIG: Uma obra inquietante, mas extremamente eloquente. É o retrato de uma espécie de fantasma vestido de negro que grita, com as mãos nas têmporas, sob um céu de um vermelho sanguíneo... Uma imagem extremamente forte. Voltei a falar com Hugo Simon, num outro dia. Quando ele vivia em Paris, foi obrigado a separar-se de um comerciante suíço para amparar seus compatriotas no seu infortúnio. Na época, tinha organizado uma rede de solidariedade muito eficaz para ajudar as vítimas do nazismo. Ele era sempre tão generoso, sempre tão confiante no futuro. Ainda ouço ele me dizendo que a França não capitularia jamais.

BERNANOS: (*Com uma careta.*) Nem me lembre disso, por favor. Conheci tantos amigos da França que também acreditaram até o último momento. Mesmo aqui, no Brasil... E no trem que me levava de Pirapora a Belo Horizonte, em junho de 1940, vi jovens e humildes vaqueiros com os olhos vermelhos, ao saberem da notícia da rendição francesa. "Senhor Bernanos!", lamentou um jovem mestiço na estação de Belo Horizonte, quando me viu descer do trem. Chorava todas as lágrimas do seu corpo. Sua tristeza era pura como a aflição de uma criança. Você observou, como eu, a que ponto os mulatos brasileiros são sensíveis. Eles sabem o que é a humilhação.

ZWEIG: (*Continuando, como se não tivesse ouvido o que lhe disse G.B.*) Em 1936, em Paris, Hugo Simon sequer entrevia tal desastre. Tinha ainda tarefas muito importantes, ligações nos meios políticos. Em seu palacete da Rua Grenelle, cujas portas estavam sempre abertas para todos, tinha conseguido reunir uma grande parte de sua coleção artística. Fiquei comovido com sua modéstia e com sua indiferença ao fanatismo ambiente. Não pode imaginar a que ponto essa espécie de homem me comove. Querem que os judeus sejam conquistadores e eles são, ao contrário, cheios de confusão e de incerteza.

BERNANOS: Não pense que estou impregnado pelos erros e injustiças do antissemitismo.

ZWEIG: (*Gravemente.*) Hugo Simon lhe daria uma medida exata dessa abjeção. (*Pausa.*) Eu o reencontrei no Brasil em circunstâncias quase inacreditáveis. Quando voltei ao Rio de Janeiro em setembro passado, sua mulher e ele moravam no mesmo hotel que Lotte e eu, na praia do Flamengo. Como imaginar um encontro desses, tão longe dos lugares em que nos conhecemos? Graças ao cônsul da Tchecoslováquia em Marselha, que lhes forneceu documentos falsos para poderem fugir da Europa para a América do Sul, o alemão Hugo Simon e sua esposa, Gertrud, viraram Hubert Studenic e Garina Studenicova...

BERNANOS: (*Com os olhos fechados.*) "[...] Eles já fugiram tanto, tanto e em tais fugas, que sabem o preço de não fugir... Acampados, inseridos nos povos modernos, gostariam tanto de sentir-se bem. Toda a política de Israel consiste em não fazer barulho no mundo, já se fez muito barulho, em obter a paz através de um silêncio prudente [...]".

ZWEIG: (*Espantado.*) O que disse?

BERNANOS: É Péguy, *Nossa Juventude*.

ZWEIG: Péguy... Lembro-me ainda da minha consternação e da minha dor quando soube de sua morte no *front*, em setembro de 1914. Eu estava em Viena. Acreditará se lhe disser que eu também chorei? Como vê, jamais soube o que era um inimigo, jamais compreendi o que queria dizer estar em guerra.

BERNANOS: É preciso, porém, valorizar o desafio da guerra, pois nos encontramos perante pessoas que prometeram realizar a escravização do mundo para estabelecer o paganismo universal. Nem antigamente nem hoje compreendo a sua vontade de colocar-se acima da desordem, como pretendia o seu Romain Rolland.

ZWEIG: (*Sorrindo, docemente.*) *Meu* Romain Rolland...

BERNANOS: Não pense que partilhei por um só instante da embriaguez nacionalista e que me agradava o ambiente repugnante dos períodos que antecederam as duas guerras que tive a desgraça de conhecer. Minha esposa, Jehanne, que entretém-se agora com a sua e o prefeito na encantadora *prefeitura*[4] de Barbacena, pode lhe falar sobre as cartas que lhe enviei das trincheiras. A mentira das propagandas sempre me enojou.

ZWEIG: Se nossa geração tivesse recusado firmemente toda espécie de nacionalismo...

BERNANOS: (*Interrompendo-o.*) Mas eu desprezo o nacionalismo! Só acredito na honra. Em 1914, fui para a guerra sem paixão. Tinha sido reformado em 1908 e teria sido fácil para mim engajar-me num jornal patriótico para trabalhar na propaganda de Retaguarda. Tinha muitas razões para recusar participar de uma guerra total feita em nome do direito, da justiça e da fraternidade universal. Uma pilhéria, é claro! Mas eu não poderia me furtar ao destino da minha geração.

---

[4] Em português, no original. (N. T.)

Nem naquela época nem hoje tenho a pretensão de separar-me do pobre rebanho dos homens. Apresentei-me no forte de Vincennes para me engajar já nos primeiros dias da guerra. Não tenha dúvida do meu abatimento naquele momento. Servi na minha modesta medida, em meu posto, simplesmente. Não penso que Péguy teria agido de outra maneira.

ZWEIG: O infeliz Péguy! Um homem tão puro. Hugo Simon disse-me que ele conheceu e amou você. Falamos disso quando ele veio com sua esposa me visitar em Petrópolis. Foi nessa ocasião que soube que ele estava em contato com você.

BERNANOS: Graças aos nossos amigos, os monges do monastério de São Bento, do Rio, e a irmãos que eram de famílias de judeus berlinenses ligadas à de Hubert Studenic.

ZWEIG: Mal consigo acreditar, meu caro, que esteja vivendo aqui, em Barbacena, em uma pequena sociedade que se parece tanto à que conheci antigamente em Berlim.

BERNANOS: E no que consigo eu acreditar? Tudo é graça.

ZWEIG: (*Repetindo, em dúvida.*) Tudo é graça.

(*Um tempo. Stefan Zweig parece muito triste. Novamente, Georges Bernanos retoma a conversa, tentando reanimá-lo.*)

BERNANOS: O velho e querido Studenic! Sabia que foi ele o primeiro a me visitar aqui, em minha fazendinha onde ainda brilham as cores da esperança? Não deu nenhum crédito àqueles que o preveniram sobre o meu temperamento tempestuoso e meu caráter intratável. Tinham-lhe dito que eu era um nacionalista exaltado, um católico doutrinário, um escritor antissemita...

ZWEIG: Você tinha sido.

BERNANOS: Um nacionalista exaltado?

ZWEIG: Não, um escritor antissemita.

BERNANOS: Não o sou mais. Como todas as palavras terminadas em "ismo", essa palavra, antissemitismo, deveria fatalmente acabar coberta de sangue inocente. Não pude mais pronunciá-la depois de ouvi-la na boca de Hitler e na de todos os desprezíveis cretinos realistas que povoam a corte de Pétain em Vichy. E não diga que acordei um pouco tarde. Eu acredito na existência de uma raça judaica, mas a ideia de racismo me repugna, sempre me repugnou. "Céline desta vez se enganou de penico", escrevi em 1937, quando *Bagatelas para um Massacre* foi lançado.

ZWEIG: (*Irônico.*) O seu Céline.

BERNANOS: É verdade que defendi *Viagem ao Fim da Noite* quando foi publicado. Não saberia mais dizer o que escrevi sobre o livro, mas lembro-me de ter elogiado aquele romance tenebroso que evocava tão bem nossa guerra, o horror que tínhamos vivido nas trincheiras, no meio dos companheiros mortos jogados na lama, dos ratos que disputavam nossa comida e das ordens imbecis dos nossos oficiais. Encontrei mesmo seu autor duas ou três vezes na época. Isso me torna responsável por tudo que ele escreveu depois? Pelo que me disseram, ele acha que estou meio louco desde que escrevi Os *Grandes Cemitérios sob a Lua.*

ZWEIG: E no entanto...

BERNANOS: E no entanto, como você tem a amabilidade de me dizer. Depois daquela história na Espanha, acho que nunca mais errei de penico!

ZWEIG: (*Quase troçando.*) O seu livro atingiu fortemente a opinião liberal.

BERNANOS: A opinião liberal!

ZWEIG: Sim.

BERNANOS: Foi o que Studenic me disse na primeira vez que o encontrei aqui. Pois ele não tinha se deixado enganar. Não adiantou nada os imbecis o prevenirem contra mim. Ele fez o caminho a pé, do centro de Barbacena até minha pequena colina. Vendo-o ignorar a advertência dos fariseus entrando livremente pela porta da minha casa, disse para mim mesmo: todo judeu é um príncipe.

ZWEIG: (*Surpreso.*) Essas palavras na sua boca?

BERNANOS: Por que me seriam interditas? Não pense que minha pobre cabeça ainda é prisioneira das ideias que enfiaram nela quando eu era jovem. Ninguém nos falou naquela época sobre o problema judaico... O problema judaico perdura há 2 mil anos e não pretendo resolvê-lo. Não pretendo nada, a não ser impedir Hitler de tratá-lo à sua maneira. Como você, desembarquei no Brasil com as mãos vazias e o coração livre.

ZWEIG: O coração livre eu tinha já em agosto de 1936. Era a primeira vez que punha os pés no Brasil e a última que consegui esquecer, por algumas semanas, os trágicos acontecimentos da Europa.

BERNANOS: Agosto de 1936! As primeiras semanas da guerra na Espanha.

ZWEIG: Infelizmente não prestei a devida atenção ao que estava acontecendo.

BERNANOS: Não o repreendo, acredita? Eu também estive muitas vezes enganado. Todos nós estivemos. Acreditei tanto na ciência dos cientistas, quanto na nação dos nacionalistas, na paz dos pacifistas, na habilidade dos hábeis, na honestidade dos honestos. Cheguei mesmo a acreditar, de vez em quando, na *vitória* de 1918.

(*Silêncio.*)

BERNANOS: Tanta gente abusou da nossa boa-fé.

ZWEIG: Eu me arrependo.

BERNANOS: Não se arrependa, meu caro Stefan Zweig. Nós todos erramos em não perceber que o que tanto temíamos desde o Armistício de 1918 e que Hitler tinha anunciado em *Mein Kampf* estava a ponto de acontecer:

a submissão da Europa à vontade de poder nazista. Aquela guerra na Espanha foi uma espécie de ensaio geral, o terrível anúncio de todas as futuras carnificinas.

ZWEIG: Eu tinha tomado um navio na Inglaterra. Quando fizemos uma escala na Espanha, pude observar a febre que agitava as milícias fascistas. Não sei por quê, fiquei persuadido então de que aquela doença contagiosa ficaria circunscrita.

BERNANOS: Não podíamos saber nada da guerra hitleriana. Eu mesmo tinha atravessado o Atlântico em busca de um pedacinho de paraíso, sem saber que as ideologias espalhariam o mal sobre toda a terra. Eu, minha mulher e meus seis filhos repetíamos um nome que nos fazia sonhar: Rio de Janeiro – e apressamo-nos para estar logo no Paraguai, onde tínhamos pensado em nos instalar.

ZWEIG: No Paraguai?

BERNANOS: Foi um desastre. Esse país só existe nos romances para adolescentes. Mal descemos do navio, e já voltamos para ele. Em pouco tempo, voltamos para o Brasil, onde nos tinham dado uma acolhida tão calorosa.

ZWEIG: Quanto a mim, sonhei com o Brasil durante muitos anos. Como ocorreu a você, esse nome, Rio de Janeiro, me encantava. Lembro-me muito bem do dia da minha chegada. O tempo estava quase abalando o Corcovado. Um vento frio soprava do Sul e envolvia o Pão de Açúcar. Vendo o esplendor da paisagem, tive a sensação de aportar no paraíso. Tinha feito a travessia sozinho. No navio, somente os pobres judeus que viajavam na terceira classe tinham me reconhecido. Entre as pessoas que vieram me receber quando desci, havia fotógrafos, jornalistas e membros da Academia Brasileira de Letras. Havia até um ministro. O jovem Afonso Arinos de Melo Franco esgueirou-se entre eles. Foi nesse dia que o conheci.

BERNANOS: Que idade ele tinha então?

ZWEIG: Só trinta anos.

BERNANOS: Temos de ser muito agradecidos pela amizade que os brasileiros nos dedicam. Eles têm o raro dom de vir nos colher como uma flor na chegada do navio, amarrotados depois de três semanas de travessia, e pedem que aceitemos imediatamente o convite para um desjejum em Copacabana. Lá, falam-nos dos nossos livros melhor do que se faria em Paris.

ZWEIG: Sei disso muito bem. Por um breve tempo acreditei que o Brasil conseguiria me arrancar de toda a minha tristeza. A beleza, as cores, a gentileza das pessoas. Fui arrastado num turbilhão de doze dias antes de ir para a Argentina.

BERNANOS: Sabia que voltaria um dia ao Brasil?

ZWEIG: Eu não sabia de nada. Tudo se tornou tão confuso em mim. É verdade que, numa breve visita a Petrópolis, tive a impressão de respirar livremente.

BERNANOS: Em julho de 1938, eu mesmo deixei a Europa com minha pobre família porque não conseguia mais respirar o odor infecto que tinha se espalhado no ar.

ZWEIG: Tivemos a sorte de encontrar uma terra de asilo. Conheci judeus vienenses que não tiveram essa sorte. A Rússia, a França e a Inglaterra, países que supostamente são inimigos de Hitler, fecharam as portas a suas vítimas.

BERNANOS: Ah, não sou, de forma alguma, indulgente com essas covardias sob o pretexto de que as vítimas são judeus! Tudo que escrevi desde essa época denuncia esses equívocos e anuncia as desgraças que eles produziram. A covardia das democracias perante Hitler foi um escândalo que sobrepassa minhas forças. E reconheci como irmãos todos os que partilhavam minha dor, sem jamais me perguntar se eram austríacos, poloneses, alemães, franceses ou ingleses.

ZWEIG: Você demonstra uma singular força na adversidade.

BERNANOS: Já que você me deu a honra de vir me visitar em minha querida casa de Cruz das Almas, cujas paredes têm sido testemunhas da minha tristeza há tantos meses, não lhe esconderei nada. Nós dois não atravessamos o Atlântico e percorremos 10 mil quilômetros da Europa até aqui para dizer qualquer outra coisa senão a verdade. Sinto-me hoje tomado por uma angústia que só é comparável à que senti nos sinistros dias de junho de 1940, quando soube da capitulação do meu país, nas profundezas de Minas Gerais, onde estava morando.

ZWEIG: Eu estava então em Bath, no Sudoeste da Inglaterra. Esses dias também foram para mim os mais negros da minha existência. Compreendi que o mundo estava perdido, que tudo o que eu amava iria desaparecer brutalmente e não voltaria jamais. Não tenho um otimismo natural como você, confesso meu pessimismo; eu, que, por toda a vida, tive um mau fígado. Mas nunca imaginei que a Europa iria sucumbir tão profundamente.

BERNANOS: Eu, um otimista?

ZWEIG: Você encontrou a força de apostar na vitória.

BERNANOS: Apostei, isso mesmo. Apostei nela porque, como você, não tinha mais forças para acreditar. Essa aposta na vida contra a morte certamente não faz de mim um otimista. Os otimistas e os pessimistas são duas espécies contrárias de imbecis. Uns são imbecis tristes; os outros, imbecis alegres.

ZWEIG: Imbecis...

BERNANOS: Não deveria mais usar essa palavra, já que não posso mais caminhar sem me apoiar em duas bengalas. (*Ergue uma delas, mostrando-a.*) Conhece a etimologia da palavra? *In-bacillus*, aquele que caminha sem bastão, correndo sempre o risco de cair. Nosso amigo Afonso Arinos de Melo Franco lembrou-me disso outro dia, cansado de me ouvir ofender sem parar os imbecis.

ZWEIG: Caro Afonso Arinos. As pessoas aqui são maravilhosas.

BERNANOS: Eles aprenderam latim em suas escolas melhor do que nós, na Europa. Sabe que Afonso Arinos estava sentado a esta mesa no domingo passado? Deu-me o prazer de me visitar com sua esposa Ana. Preparei para eles um *coq au vin à la berrichonne*. Uma receita de minha região. Só faltaram duas garrafas de valençay para que nossa alegria fosse completa – o vinho preferido de Talleyrand! Você, que contou a vida de Fouché, deve saber disso. No fim do almoço, recitei alguns versos da *Legenda dos Séculos* para alegrar-nos a alma.

> "Duc, tu ne m'as pas dit le nom de cette ville?
> C'est Narbonne. – Narbonne est belle, dit le roi,
> Et je l'aurai; je n'ai jamais vu, sur ma foi,
> Ces belles filles-là sans leur rire au passage,
> Et me piquer un peu les doigts à leur corsage [...]"[5]

ZWEIG: Ah, Victor Hugo. Houve um tempo em que eu sabia esses versos de cor.

BERNANOS: Não me diga que os esqueceu. Não se esquece de Victor Hugo!

ZWEIG: Se fizer um esforço, acho que os lembro. Mas não tenho mais a força de o fazer.

BERNANOS: Afonso Arinos conhecia-os também e nós os recitamos juntos:

---

[5] [Duque, tu me disseste o nome desta cidade? / É Narbona. – Narbona é bela, disse o rei, / E vou conquistá-la; nunca vi, juro, / Essas belas jovens sem lhes sorrir ao passarem, / e ferir um pouco os dedos nos seus vestidos (...)]. (N.T.)

> *Alors, voyant passer un comte de haut lieu,*
> *Et qu'on appelait Dreus de Montdidier: "Pardieu!*
> *Comte, ce bon duc Nayme expire de vieillesse!*
> *Mais vous, ami, prenez Narbonne, et je vous laisse*
> *Tout le pays d'ici jusques à Montpellier;*
> *Car vous êtes le fils d'un gentil chevalier;*
> *Votre oncle, que j'estime, était abbé de Chelles;*
> *Vous même êtes vaillant; donc, beau sire, aux échelles!*
> *L'assaut!"*.[6]

ZWEIG: Desculpe interromper, mas não consigo pensar em outra coisa senão na guerra que continua dia a dia, no horror que se propaga. Já percebeu que essa guerra é a primeira verdadeiramente mundial?

BERNANOS: Os livros de história vão chamá-la de segunda, à espera da terceira, da quarta, da quinta... E nossos tataranetos sentirão saudades da que chamamos de primeira. Acalentaram nossa juventude com palavras grandiosas. Enquanto os incompetentes Estados-Maiores nos enviavam à carnificina, os comandantes nos falavam de guerra mundial para insuflar nosso orgulho. Mas se a segunda é que é a primeira, não ouso imaginar o que será a terceira.

(*Ouvem-se os ritmos da batucada aproximando-se, lá fora. Depois de deslocar-se com dificuldade, Georges*

---

[6] [Então, vendo passar um conde de alta estirpe, / E que se chamava Dreus de Montdidier: "Por Deus! / Conde, o bom duque Nayme expira de velhice! / Mas vós, amigo, tomai Narbona, e vos dou / Todo o país, daqui até Montpellier; / Pois sois filho de um gentil cavalheiro; / Vosso tio, que estimo, era abade de Celles; / Vós mesmo sois corajoso; portanto, belo senhor, às escadas! / Ao assalto!"]. (N. T.)

Bernanos entreabre a janela para ouvir melhor. Volta-se para Stefan Zweig com um sorriso de criança.)

BERNANOS: A tristeza não é cristã, ela é um truque do demônio para alojar-se em nossa alma. Deixemos a alegria do povo brasileiro ir aonde bem quiser.

(Stefan Zweig volta a sentar-se, mas permanece em silêncio, as mãos postas sobre a mesa. Embaraçado, Georges Bernanos continua, com uma alegria um pouco forçada.)

BERNANOS: Que povo! Há um carnaval em cada cidade no Brasil e um grupo de música e dança em cada bairro de cada cidade. Se nos sobrasse uma ínfima provisão de alegria para aproveitar... Ai!... Em fevereiro de 1939, o carnaval a que assisti em Vassouras foi formidável. Um ano mais tarde, em Pirapora, às margens do Rio São Francisco, vivia em uma solidão que não me dispunha, de forma alguma, a prestar atenção no que acontecia do outro lado do rio. Como você, eu não ouvia mais música nem coisa alguma. Já estava aqui em fevereiro de 1941, esmagado pela grande canalhice que estava a ponto de acontecer na França. Jamais senti com tanta força o quanto o mundo precisava de ternura. Infelizmente fui totalmente incapaz de aproveitar aquele carnaval. E hoje... Hoje, estou aqui à espera de que os interesses econômicos não contrariem os interesses da honra.

(Um tempo.)

BERNANOS: *(Para si mesmo, os olhos perdidos no vazio.)* Os Estados Unidos da América...

(*A música entra pela janela, cada vez mais alta.*)

ZWEIG: É a terceira vez que estou no Brasil. Passei dez dias aqui em agosto de 1936, como lhe disse, depois, seis meses, de agosto de 1940 a janeiro de 1941, e eis-me aqui de novo, há quatro meses. Jamais tive a oportunidade de ver o carnaval. Este ano eu o verei pela primeira vez. Romain Rolland estava enganado, quando me escreveu um dia que, na minha idade, é tarde demais para lançar raízes. Estou convencido de que, aconteça o que acontecer e sejam quais forem meus mal-entendidos com os seus habitantes, não deixarei mais este país. Acabou-se minha vida errante.

(*A música está mais distante. Vendo que a conversa volta a ficar séria, Georges Bernanos fecha suavemente a janela. Não se ouve quase mais nada. Senta-se então do outro lado da mesa, perpendicularmente a Stefan Zweig.*)

BERNANOS: Esses mal-entendidos a que faz alusão, são as polêmicas nos jornais do Rio que se seguiram à publicação do seu livro sobre o Brasil?

ZWEIG: Infelizmente.

BERNANOS: Espero que me perdoe por não o ter lido, mas o Comitê França Livre do Rio anunciou para logo uma edição francesa, que estou aguardando.

ZWEIG: (*Um gesto com a mão.*) Gostaria de não ter escrito esse livro.

BERNANOS: Por que está dizendo isso? Temos que aceitar correr o risco de não ser compreendidos. Isto faz parte da nossa vocação. Aqueles que nunca são incompreendidos são também os que sempre sabem adaptar-se às circunstâncias, sejam elas boas ou más. O demônio do seu coração chama-se "Para quê?".

ZWEIG: Este é o atual estado do meu espírito.

BERNANOS: Permita que eu o proíba?

ZWEIG: Fui caluniado. Por toda a minha vida, fui acusado de ser um autor comercial. Mas nunca a ignomínia chegou a tal ponto. No entanto eu estava melhor, estava mesmo em paz quando retornei ao Brasil com Lotte em agosto de 1941. Trazia em mim vários livros que pretendia escrever aqui, uma biografia de Balzac, um ensaio sobre Montaigne e uma autobiografia cujo manuscrito eu transportava de um país para outro há muitos meses. Ignorava que *Brasil, País do Futuro*,[7] que foi publicado em julho, no Rio, seria objeto de tanto ódio e de tanto desprezo.

BERNANOS: Perdão, mas nem todos os jornais do Rio chegam até Barbacena, e devo confessar que dou mais atenção às novidades que vêm da Europa através dessa caixinha (*apontando o rádio*). Ouvi o rumor dessas querelas, mas imaginei que eram fruto da inveja tão própria aos homens de letras, tanto neste quanto no outro lado do Atlântico. Estamos numa boa posição para saber que os meios literários não se parecem em

---

[7] Em português, no original. (N. T.)

nada com um aprisco! Precisamente o que reprocharam os seus detratores?

ZWEIG: Muitas coisas diferentes e até contraditórias. Os mais amáveis dos meus adversários não compreenderam que celebrei a maravilha natural da vida no Brasil, a doçura do seu povo e a delicadeza dos costumes, e não suas usinas, seus cinemas, seus aeroportos, seus palácios, seus arranha-céus, suas docas, seus navios, seus túneis, seus automóveis, suas coleções de pintura moderna, seus estádios de futebol, sua luz elétrica...

BERNANOS: Eu também me expus a ser mal compreendido quando evoquei a França dos juramentos de cavalaria na presença de brasileiros apaixonados pela nação revolucionária, pátria dos direitos humanos e emancipadora do gênero humano.

ZWEIG: Mas não evoquei apenas o Brasil Imperial... Demorei-me até sobre a suave passagem do Império à República, em 1889... Para nós, europeus, habituados desde o Renascimento às transições brutais e às revoluções sangrentas, essa transformação pacífica é um prodígio.

BERNANOS: Eu também fui mal compreendido quando invoquei a fascinante figura de Pedro II para meus amigos brasileiros. Eles são herdeiros da história mais comovente e mais rica da América do Sul, e não querem olhar senão para o futuro.

ZWEIG: Em nenhum momento contesto essa dimensão moderna e mesmo modernista do Brasil. Mas se nós amamos tanto este país, meu caro Georges Bernanos, é porque o futuro pertence aos homens que ainda estão embebidos da antiga cultura.

BERNANOS: (*Menenando a cabeça, mostrando que o compreende.*) Porque somos uns nostálgicos, meu caro Stefan Zweig. Somos uns nostálgicos.

ZWEIG: Pensei que não gostava dessa palavra.

BERNANOS: Eu lhe disse isso?

ZWEIG: Li em algum lugar. Pois tenho a infelicidade de ler a imprensa do Rio.

BERNANOS: Não devia, depois de todo o mal que ela lhe fez.

ZWEIG: Foi uma das mais cruéis decepções da minha vida. Arrancou da minha alma e do meu corpo as poucas forças que me restavam quando pus os pés aqui.

BERNANOS: Um homem do seu valor.

ZWEIG: (*Com um gesto de mão em protesto.*) Por favor.

BERNANOS: Eu insisto.

ZWEIG: Eu também.

BERNANOS: Muito bem! Temos que saber desesperar dos imbecis.

ZWEIG: Os imbecis, como você diz. Meu livro não tinha outra ambição além de um canto de amor, uma celebração da nova humanidade surgida neste país onde a vida cotidiana prova a absurdidade da distinção das raças.

BERNANOS: É uma experiência que todo francês admira e de que compreende naturalmente a lição. Lá pelo ano mil, o Reino da França nasceu também da mistura harmoniosa dos picardos e dos burgúndios, aos quais vieram depois juntar-se os provençais, os armanhaques, os bretões e os lorenos, como meus ancestrais Bernanos, que vieram da Espanha. Não estava romanceando quando lhe disse que pertenço a uma velha raça de católicos errantes... Por mais nobre que ela seja, essa qualificação me dá mais deveres que privilégios. E ela me permite saber, com certeza, que o racismo será sempre estranho à tradição humanista e cristã à qual me esforço por servir.

ZWEIG: Inicialmente, tinha pensado em chamar meu livro *Um Olhar sobre o Brasil*. Deveria ter ficado com esse modesto título. (*Sonhador.*) *Um Olhar sobre o Brasil...*

BERNANOS: Mas você não se contentou em lançar um olhar, como esses conferencistas em turnê que só apreciam num país o conforto dos leitos nos trens e a disponibilidade dos empregados dos hotéis. Você lhe deu o seu coração.

ZWEIG: Meu coração...

BERNANOS: Seu coração! *A seu coração*,[8] como se diz aqui.

ZWEIG: Os jornais brasileiros não entenderam assim.

---

[8] Em português, no original. (N. T.)

BERNANOS: Esqueça os jornais e toda essa gente que só vive de picuinhas. As crianças nas escolas é que deveriam conhecer o seu livro. Elas são o futuro. Tenho certeza de que elas o aceitarão com entusiasmo.

ZWEIG: Veriam antes que eu estava invocando a unidade espiritual do mundo. Meu único crime foi ter mostrado como encontrei no Brasil a resposta a esta questão fundamental: "Como alcançar em nosso mundo a coexistência pacífica entre as pessoas das diversas raças, classes, cores, religiões e convicções?".

BERNANOS: E você tem razão! É a única questão que importa colocar, num mundo em que os aprendizes de feiticeiros sonham com raças puras.

ZWEIG: Eu estava iludido.

BERNANOS: Não!

ZWEIG: Queria escapar às imagens de um mundo que estava a ponto de se destruir.

BERNANOS: Não fale assim. Você, é antes de tudo, um romancista, quer dizer, um homem que vive seus sonhos, ou melhor, que os revive sem o saber. O seu livro é você mesmo. Quem não o ama não pode amar o Brasil como você o pintou.

ZWEIG: Talvez seja verdade.

BERNANOS: Um membro da Academia Brasileira de Letras outro dia me confiou que não concordava com a sua visão muito impressionista e otimista do Brasil, mas que as críticas que o massacraram não correspondiam ao conteúdo do livro. Ele admirava mesmo sua simpatia e seu discernimento dos traços da psicologia coletiva brasileira. Permita que lhe sugira esquecer essa infeliz querela.

ZWEIG: Houve muita publicidade. Por causa dela fiz tantos inimigos num país em que acreditava poder construir uma nova pátria. Acusaram-me até de ter escrito um livro de encomenda, pago pelo governo brasileiro, segundo alguns, e pelo dos Estados Unidos da América, segundo outros.

BERNANOS: (*Estupefato*.) Um livro de encomenda?

ZWEIG: Juro. Você leu o artigo intitulado "Os Milhões de Stefan Zweig"?

BERNANOS: Não.

ZWEIG: Era uma infâmia. Você me imagina escrevendo uma obra para obedecer às ordens de um governo? Eu, que nem gosto de política! Em quarenta anos de publicações, posso orgulhar-me de jamais ter começado a redação de um livro por qualquer razão que não fosse a paixão artística que me animava e de jamais desejar qualquer vantagem pessoal ou ter algum interesse econômico no projeto.

BERNANOS: Os brasileiros são muito mais suscetíveis do que pensam.

ZWEIG: Talvez eu tenha cometido alguns erros no meu livro. Provavelmente exagerei quando falei da paixão nacional pelos jogos de azar.

BERNANOS: Ora, você também tinha razão nisso! Veja todos aqueles vendedores de bilhetes de loteria na Avenida Rio Branco, no Rio. Mesmo aqui, em Barbacena... E toda essa astrologia, e todos esses horóscopos... E o *jogo do bicho*[9] pelo país inteiro. Na igreja Nossa Senhora da Piedade, muitas vezes vi camponeses pobres, vindos do interior do Estado com seu bilhete de loteria para pedir à Virgem que lhes ajudasse a ganhar.

ZWEIG: Essa crença numa súbita fortuna é natural num país onde as possibilidades de ascensão social são tão limitadas.

BERNANOS: Os brasileiros são um povo de crianças. Mesmo se a exprimem meio sem jeito, não perderam todo o contato com a doce piedade de Deus.

ZWEIG: Contestaram tudo. Até a ideia de que talvez tenham sido marinheiros franceses, vindos da Normandia, que chegaram primeiro ao Rio de Janeiro, no início do século XVI. Cada palavra do meu livro foi usada contra mim. Decididamente, eu deveria ter-lhe dado um título mais simples. *Um Olhar sobre o Brasil...* Isso teria evitado polêmicas. Quis explicar no meu livro que o Brasil é um país onde a cultura é mais importante que a política. E tudo foi levado para o campo da política. (*Desesperado.*) Ah, essa maldita política!... É um catálogo de catástrofes. Tive que assistir a três fins do mundo por causa dela.

---

[9] Em português, no original. (N. T.)

BERNANOS: (*Refletindo.*) Três fins do mundo? A explosão da guerra em 1914, a chegada de Hitler ao poder em 1933 e a rendição da França em 1940?

ZWEIG: Tinha esquecido Hitler, ouso dizer. Pensava na anexação da Áustria pela Alemanha nazista em março de 1938. Talvez porque em 1933 me senti obrigado a não acreditar no que estava para acontecer em Berlim, quando os conservadores apelaram a Hitler acreditando que ele iria restaurar a ordem, talvez mesmo a monarquia.

BERNANOS: Ah, a cegueira dos conservadores! É uma velha história. Jamais conservam o que deveria ser conservado e sempre mantêm o que deveria desaparecer. Faz mais de cinquenta anos que digo isso.

ZWEIG: O que mais me assusta nas pessoas educadas é o gosto que têm pela tirania. Como se não tivessem confiança na própria liberdade.

BERNANOS: Ou como se a temessem.

ZWEIG: É, você tem razão, essas pessoas temem a liberdade.

BERNANOS: E sob esse ponto de vista, Hitler era alguém com quem achavam que sempre seria possível negociar. Que cretinos! O espetáculo dos conservadores ingleses tentando persuadir a opinião internacional de que a não intervenção que defendiam Chamberlain e Daladier era um bom cálculo para os negócios financeiros e para a Bolsa foi uma conjuração atroz demais para suportar.

ZWEIG: Não pense que foi menos doloroso para mim! Estava bem colocado para observar essa atitude odiosamente passiva que consistia em negociar com palavras. Mas o que podem as palavras contra os tanques? Eles aprenderam em maio de 1940.

BERNANOS: E os americanos estão deprimidos com a ideia de que talvez tenham que sacrificar um pouco da sua prosperidade para entrar na guerra.

ZWEIG: O estado de espírito nacionalista afundou tudo. Sou um europeu, entendo sua celebração da liberdade, mas não acredito, como você, que a França seja sua única depositária. E você sabe o quanto amo sua língua e seus habitantes. Ela é para mim uma segunda pátria. Mas o fracasso da nossa geração, a tragédia da minha vida, foi a ruptura da unidade espiritual da Europa. Como pôde acontecer que nos tenhamos tornado cada vez mais distantes uns dos outros depois de 1918? Vi o ódio espalhar-se por todo o continente como um incêndio.

BERNANOS: Tivemos a ingenuidade de acreditar que a guerra tinha terminado naquele ano. Para depois compreender que a *vitória* não nos amava mais, que nunca tinha sido nossa, como uma bela mulher que vai embora nos braços de um estrangeiro.

ZWEIG: É triste.

BERNANOS: Aproveitando a guerra, o monstro capitalista conseguiu estabelecer-se. Não precisou esperar muitos anos para que o monstro nazista também se estabelecesse, logo seguido pelo monstro soviético. Antes de devorar os corpos, esses ogros começaram devorando as consciências dos homens da Europa.

ZWEIG: Que desgraça ter assistido a essa ruína das consciências. Não estou seguro de que a civilização europeia conseguirá reerguer-se. Pode acontecer que seja aniquilada por essa guerra, mais impiedosa e mais definitiva que a precedente.

BERNANOS: Mas é claro que ela se reerguerá. Pode contar com a França.

ZWEIG: A França?

BERNANOS: Não se preocupe com ela. Ela inventou Joana d'Arc, inventou os soldados do ano II e o Exército do Rhin, inventou o general de Gaulle... (*Com um de seus jogos faciais, aponta para o retrato pendurado na parede.*) Ela não parou de inventar! A grandeza e a honra numa posição desfavorável são sua especialidade!

ZWEIG: Você não percebe que essa guerra é uma espécie de suicídio.

BERNANOS: Sou cristão, não posso consentir nisso. Seria aceitar os sarcasmos e o ceticismo que vimos espalharem-se pela Europa no período entre as guerras. Como se tudo fosse permitido. Ou como se nada fosse possível.

ZWEIG: Ou então como se a única verdadeira coragem fosse a de saber destruir.

BERNANOS: O seu Nietzsche talvez não seja totalmente inocente nesse negócio todo.

ZWEIG: Há dez anos, eu teria a força para lhe responder... Mas hoje... Não sabe como sofro nesta minha situação tão pouco confortável. Sou hoje um escritor alemão sem leitores na minha língua, um cidadão britânico sem laços com meu país, um judeu liberal que exaspera os rabinos e tenho, ainda por cima, a profunda certeza de que não encontrarei mais a paz.

BERNANOS: Vou pedi-la para você em minhas orações.

ZWEIG: (*Continuando.*) Além disso, caí em desgraça com os brasileiros por causa de um livro que dediquei ao país deles. Não gostaram dele... Imaginaram que esse livro era uma encomenda do governo... Onde houver um judeu, haverá forçosamente alguém para inventar uma história envolvendo ouro e prevaricação.

BERNANOS: (*Consternado.*) A ironia judaica é bem capaz de ter razão em tudo isso.

ZWEIG: Não sei. Por minha parte, jamais chegarei a ter razão em coisa alguma. Fui ofendido, ferido, abalado, incapaz de me defender. E estou só. Terrivelmente só. Sofro não somente por causa de hoje, mas por amanhã. Para quem e para que posso eu escrever? Estou sem perspectiva e privado de energia. O ofício de escritor tornou-se um ofício clandestino. Alguns talvez tenham a força para assumi-lo.

BERNANOS: Desta vez não diga apenas eu, diga nós, meu caro Stefan Zweig. Estamos sós, estamos terrivelmente sós. Como você, também espero o dia em que não teremos mais leitores para nos conhecer e para nos amar. Mas agora me cabe observar que está exagerando. Você tem milhares de leitores aqui no Brasil. E tem ainda milhões pelo mundo afora.

ZWEIG: (*Incrédulo.*) Milhões...

BERNANOS: Falamos disso há pouco. Quando não encontramos nada, é preciso procurar; quando não acreditamos mais, é preciso confiar. Se o Senhor nos envia ao deserto, ele também nos dá a força de suportar essa prova. Você lamenta? E eu não? O que devo pensar da minha pobre vida, que se parece tão pouco com as confortáveis existências de Paul Valéry e de Jules Romains?

ZWEIG: Não sei.

(*Fora, cai a noite.*)

BERNANOS: Mas eu também não sei mais nada. Não sei nada! Se o soubesse, não acreditaria.

ZWEIG: Você acredita.

BERNANOS: Não joguemos com as palavras. O infortúnio é a parte que nos toca. Estamos aqui face a face, com as mãos vazias, como dois fraternos vagabundos.

ZWEIG: Estou tão triste.

BERNANOS: Mas não fique triste. A estrada que temos pela frente ainda é bela, estou certo de que ainda teremos manhãs radiosas. Nossos pés, postos um depois do outro sob o olhar de Deus, acabarão por nos levar a algum lugar.

ZWEIG: Que século horrível é este, em que é absolutamente necessário acreditar? Vim ao mundo pensando que se podia ser feliz contentando-se em viver.

BERNANOS: (*Levanta-se e aproxima-se de Stefan Zweig.*) Perdão, mas me foi dada a graça de acreditar mais em algo do que no nada.

ZWEIG: (*Também ele se levanta. Os dois homens estão face a face, com grande benevolência em sua atitude mútua. Stefan Zweig está abatido, mas esforça-se para permanecer ereto.*) Não encontro nada que possa preencher o vazio que há em mim.

BERNANOS: Vamos redigir um texto em conjunto, uma proclamação solene para denunciar Hitler e os crimes que ele comete na Europa. O seu nome e o meu juntos são algo que pode sensibilizar a opinião internacional. Pensam que somos tão diferentes.

ZWEIG: Provavelmente teria prazer em assinar um texto em francês. Mas não escaparemos do desastre. Ou então será preciso um milagre.

BERNANOS: (*Contrariado, mas com doçura.*) Não nos é permitido esperar por um milagre. Para salvar o mundo, Deus só tem as nossas próprias mãos!

ZWEIG: (*Alheio.*) Não posso mais com esse mundo cruel e louco.

BERNANOS: Deveria ficar aqui uns dias, com sua esposa. Teríamos tempo para falar livremente. E para redigir nossa proclamação.

ZWEIG: (*Com um tom monocórdio.*) O passado que tanto amei não nos será devolvido.

BERNANOS: (*Desencorajado.*) Não pense que não compartilho dos seus tormentos. Autorizo-me a crer que compartilho com você o temor, a tortura, a dor e a tentação do desespero. Mas não penso em revogar a esperança. Pois se é possível subtrair-se à esperança, é impossível escapar do medo.

ZWEIG: O medo.

BERNANOS: Ele nos impede de sermos livres e permite ao demônio fazer de nós os seus reféns. É a lição desse pequeno livro de que lhe falei há pouco. (*Tira um livro da estante.*) Tome, *Die Letze am Schafott*, em francês, *La Dernière à l'Échafaud*.[10] (*Stefan Zweig pega o livro.*) É obra de uma escritora alemã que talvez você conheça: Gertrud von Le Fort. Evoca o fim trágico de um grupo de carmelitas de Compiègne martirizadas durante a Revolução Francesa. Dou-lhe esta edição alemã, que não tem muita utilidade para mim. Lerá páginas luminosas consagradas à *Getreusein der Angst*.

ZWEIG: (*Surpreso com as palavras alemãs.*) Das Getreusein der Angst...

---

[10] Em português, *A Última ao Cadafalso*. (N. E.)

BERNANOS: A fidelidade à angústia. Não nos é pedido que esqueçamos nosso medo, nem que negligenciemos as razões da nossa *aflição*. A partir do momento em que passamos a viver com a angústia cravada em nosso coração, aprendemos a ser fiéis a essa velha companheira. Não a abandonaremos em troca de uma falsa alegria. Uma bebida amarga, é disso que precisamos. Será fatal que a angústia deixe de nos oprimir quando tivermos a força de escapar à sua pressão. Demos um primeiro passo...

(*Georges Bernanos interrompe-se, vendo que Stefan Zweig não o escuta mais.*)

(*Um tempo.*)

ZWEIG: Obrigado, meu caro. Obrigado. (*Consternado.*) Devo deixá-lo, minha esposa está me esperando. (*Stefan Zweig aperta demoradamente a mão de Georges Bernanos. Sai.*)

(*Um tempo.*)

BERNANOS: (*Olhando pela janela Stefan Zweig afastar-se.*) Está à beira da morte.

(*Depois de uma breve hesitação, Georges Bernanos dirige-se à estante, onde está o aparelho de rádio. Olha para o retrato do general de Gaulle. Depois de nova hesitação, gira o botão do rádio. Como no início da peça, ouve-se "Aquarela do Brasil", de Ary Barroso. Georges Bernanos sai.*)

Cortina

Do mesmo autor leia também:

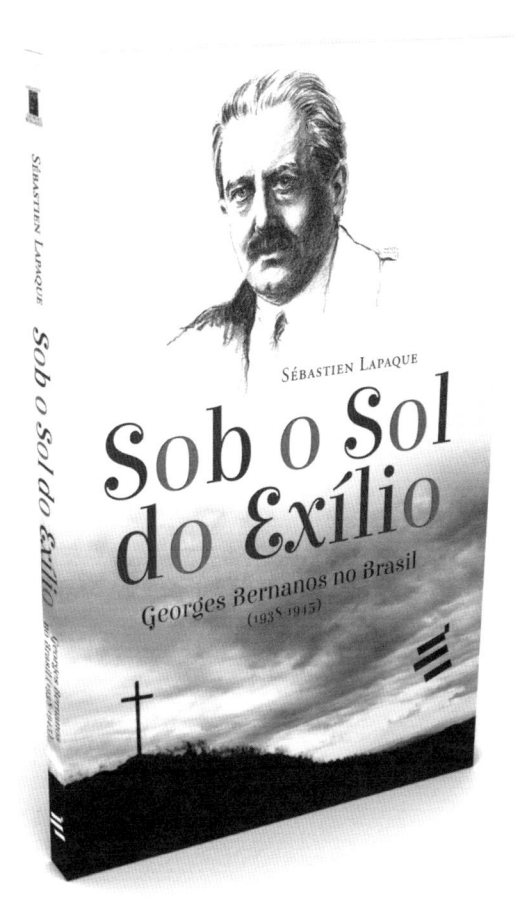

Sob o Sol do Exílio
Georges Bernanos no Brasil (1938-1945)
Sébastien Lapaque

Georges Bernanos, o "Dostoiévski francês", viveu no Brasil no período de 1938 a 1945. Neste livro, ao mesmo tempo viagem investigativa e exercício de admiração, Sébastien Lapaque rastreia as relações de Bernanos com intelectuais brasileiros e com o homem do povo; fala dos sonhos de uma "Nova França" em território latino-americano e do sofrimento com os rumos da Europa; e trata da presença brasileira nas obras de Bernanos aqui redigidas. Uma obra generosa com o Brasil e repleta de esperança cristã.

Você poderá interessar-se também por:

A França contra os Robôs
Georges Bernanos

Além de ser contado entre os maiores escritores franceses, Georges Bernanos foi, durante a Segunda Guerra Mundial, desde o seu autoexílio no Brasil, uma voz incisiva na denúncia do colaboracionismo de parte da França com o regime nazista. Perante a derrota de Hitler, sua batalha deveria terminar? De maneira nenhuma: sem concessões em seu antitotalitarismo, ele antevê e se opõe a uma nova ameaça à liberdade, ascendente tanto no mundo capitalista como no mundo comunista – o império da técnica, do dinheiro, do controle mecânico. *A França contra os Robôs* é uma eloquente defesa da liberdade humana diante do crescente predomínio da tecnologia. Esta edição conta com uma seção de textos inéditos, incluindo correspondências, entrevistas, discursos e anotações de Bernanos concomitantes à escrita do livro.

A História dos Ursos Pandas Contada por um Saxofonista que Tem uma Namorada em Frankfurt: Ele pede a Ela que lhe conceda nove noites. O pacto será realizado, e um mundo à parte será criado – povoado por uma linguagem metafórica, situações codificadas e um profundo mistério.

Um Trabalhinho para Velhos Palhaços: Três palhaços esperam ser recebidos para uma audição. É a ocasião de se lembrar do passado, mas também de provar o seu talento. Engraçado e patético.

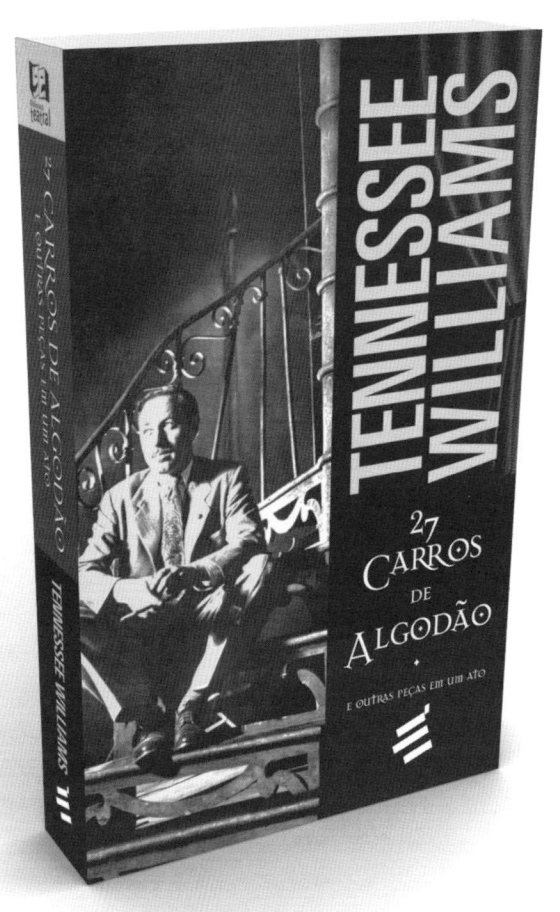

Estes textos incluem algumas das melhores e mais vigorosas obras de Tennessee Williams, cheias da percepção da vida como ela é e da paixão pela vida como deveria ser. Esta edição traz ainda um ensaio de Williams com sua visão do papel do teatro curto na cultura americana.

facebook.com/erealizacoeseditora   twitter.com/erealizacoes   instagram.com/erealizacoes

youtube.com/editorae   issuu.com/editora_e   erealizacoes.com.br

atendimento@erealizacoes.com.br